SOMMERMÄRCHEN 24 oder: „Fußball, die schönste Nebensache der Welt!"

Es gibt zwei Dinge, für die man mich nachts um zwei Uhr wecken kann, und ich wäre sofort dabei: eine coole Pokerrunde oder einen deftigen Kick bei Flutlicht auf dem heiligen Rasen. An drei Mann vorbeidribbeln, Doppelpass mit Robin Gosens, Ball mit der Brust stoppen und Seitfallzieher voll in den Winkel. Da vergisst man jeden Schlafmangel sofort! Warum die Fußball-EM 2024 im eigenen Land allen Ortes als „Sommer-Märchen" bezeichnet wird, erklärt unsere Leidenschaft für diesen wunderschönen Sport.

Meine große Fußball-Liebe habe ich als Sechsjähriger entdeckt, als ich mit staunenden Kinderaugen die WM 1974 (auch als Gastgeber Deutschland) in der Glotze verfolgte und mich in dieses unglaublich magische Spiel verliebte. Damals waren Grabowski und Hölzenbein von der Eintracht meine ersten Fußball-Helden, die ich anhimmelte. Und wer hätte gedacht, dass ich 20 Jahre später selbst beginnen sollte, mit Fußballprofis als Inspirations-Trainer zu arbeiten. Wenn man dann tagtäglich mit vermeintlichen „Fußballstars" zu tun hat, verliert man recht schnell die Scheu, weil man merkt, dass sie ganz normale Menschen sind, mit Ängsten und Sehnsüchten und Hausstauballergie. Und doch gibt es einige Spieler und Trainer, die mich im Laufe der Jahre tatsächlich inspiriert haben. Jedoch nicht wegen ihrer schönen Tore oder Titel, sondern aufgrund ihrer faszinierenden Persönlichkeit. Spieler wie David Alaba, Zé Roberto, Davie Selke, Breel Embolo ... Trainer wie Jürgen Klopp, Marco Rose und Sandro Schwarz. Eins haben sie alle gemeinsam: Sie erzählen in aller Öffentlichkeit von einem sehr persönlichen Thema, das in den letzten Jahren in unserer Gesellschaft immer mehr an Bedeutung verloren hat: dem Glauben an Gott. Alaba, Rose & Co. verraten in manchen Interviews, dass sie mit dem tiefen Glauben an Gott etwas in ihrem Leben gefunden haben, das ihnen (in diesem oft gnadenlosen Fußballgeschäft) Kraft gibt und sie gleichzeitig erdet. Als ich Jürgen Klopp in Liverpool besuchte (für die Dreharbeiten zu meinem Film „Und vorne hilft der liebe Gott"), verriet er mir, dass Jesus für ihn die wichtigste Person der Weltgeschichte sei, und erklärte den Tod Jesu und den Grund, warum er als Christ Ostern feiert, auf solch berührende Weise, dass das ganze Kamerateam beim Zuhören eine Gänsehaut hatte! In diesen Momenten – wenn die Fußballer so offenherzig von ihrer Freude an Gott

erzählen – wird Fußball für mich tatsächlich zur „schönsten NEBENSACHE der Welt!". Da, wo der Fußball längst zum kalten Milliardengeschäft geworden ist und die Bundesliga oft als menschenverachtendes Haifischbecken bezeichnet wird, sind es diese wenigen „echten Typen", die uns daran erinnern, was wirklich wichtig ist im Leben. „Aber was genau wäre das denn?", habe ich Kloppo einmal gefragt. Seine Antwort: „Die 4D in meinem Leben inspirieren mich total: DEMUT – DANKBARKEIT – DIENEN – DURCHHALTEVERMÖGEN."

Alle vier sind außergewöhnliche Haltungen, mit denen Kloppo durchs Leben geht und damit seine Mitmenschen inspiriert. Ich bin gespannt, welche „Werte" wir – im Umgang miteinander und mit

unserer kriselnden Mannschaft – während der Fußball EM erleben werden. Werden wir (typisch deutsch) wieder schnell motzen, wenn es nicht läuft? Oder werden wir die Jungs mit unserer Euphorie und dem Glauben an sie durchs Turnier tragen, um (wie bei der WM 2006) wieder eine Begeisterung im ganzen Land zu spüren? Am Ende sind es immer unsere „Werte" und unsere „Haltung", die unser Handeln bestimmen.

Mit ihren Gedanken über „ewig geltende Werte" kommen jetzt einige Stars und Trainer zu Wort, die uns inspirieren wollen, über die „schönste Hauptsache der Welt" nachzudenken – Gottes bedingungslose Liebe.

Fröhlichen Fußballsommer *** wünscht Euch David Kadel
www.fussball-gott.com

Jürgen Klopp – The Normal One!
FC Liverpool

David Kadel: Immer mehr Profis bekennen sich offen zu ihrem Glauben, durch Tattoos, Gesten und die Medien. Empfindest du es auch als kurios, dass der Glaube an Gott in der Gesellschaft immer mehr abnimmt, aber ausgerechnet im Profifußball eine gegenläufige Entwicklung zu beobachten ist?

Jürgen Klopp: Dass immer mehr Fußballer diese christlichen Symbole auf dem Körper tragen, zeigt, wie viel Halt einem der Glaube in diesem ständigen Druck gibt. Außerdem kann man Gott auf diesem Weg sichtbar machen. Was ich sehe, das kenne ich. Aber nicht

alle, die christliche Symbole auf der Haut tragen, leben auch tatsächlich den christlichen Glauben. Viele drücken damit ihr Glück aus, um zu zeigen, dass ihnen jemand dabei geholfen hat, dahin zu kommen, wo sie jetzt sind. Klar, der Glaube an die eigene Stärke hängt oft auch mit dem Glauben an ein starkes Selbst zusammen. Deshalb ist der Glaube im Fußball, wo du

nur Erfolg hast, wenn du an dich selbst glaubst, viel ausgeprägter als in der Gesellschaft. Ich finde es toll, dass sich so viele junge Burschen mit Gott beschäftigen. Es ist wirklich wichtig, gerade in diesen verrückten Zeiten einen festen Glauben an Gott zu haben.

David Kadel: Die Werte, über die wir gerade sprechen, Dankbarkeit, Demut und dergleichen, inwiefern ist der Glaube dein Leitfaden für so was?

Jürgen Klopp: Also, jeder Wissenschaftler kann mir erklären, was er will, und über den Urknall sprechen, aber das ändert überhaupt nichts an meinem Glauben. Er ist mein absoluter Stabilisator, weil ich felsenfest davon überzeugt bin, dass das eben kein Zufall war, sondern dass alles gewollt ist. Es ist zu groß und auch in vielen Bereichen zu großartig, als dass das Ganze aus einer Explosion heraus zufällig entstanden sein könnte. Der Glaube führt mich durchs Leben, ist meine absolute

Firmino: Coach gimmie the Cup (Kapp?)

Reißleine und meine Leitlinie. Ich habe manchmal das Gefühl, nicht genug danach zu leben, aber trotzdem verstanden zu werden. Weil der Gott, den ich mittlerweile kennengelernt habe, sagt: „Der ist weit davon entfernt, perfekt zu sein, aber so schlimm ist er auch nicht. Also darf er dabei bleiben."

David Kadel: Ich bin froh, dass Gott so über uns denkt.

Jürgen Klopp: Es gibt keine Weltrangliste der Christen. Man muss ja nicht auf Platz eins stehen, sondern darf einfach nicht vergessen, dass Gott da ist. Das muss einem immer bewusst sein. Wir stehen im Leben ganz oft vor Situationen, wo wir

ohne diese moralische Leitlinie hilflos und auf uns allein gestellt wären.

David Kadel: In welchen Momenten berührt dich der Glaube an Gott?

Jürgen Klopp: Ich habe sehr oft das Gefühl, dass Gott mir ganz nahe ist. Das tut gut.

David Kadel: Wann betest du?

Jürgen Klopp: Nach wie vor nachts vorm Einschlafen. Aber es kommt auch schon mal vor, dass ich zu müde bin und mit dem Gedanken einschlafe: „Jetzt beten!", und schon bin ich eingeschlafen. Aber dann war mein letzter Gedanke auf jeden

Jürgen Klopp: Also, ich bin nicht erleuchtet worden oder sowas. Ich habe einfach nur für mich erkannt, dass ich in Gott jemanden habe, auf den ich mich verlassen kann. Und ich möchte gerne, dass es auch von Gott so gesehen wird. Leider bin ich bei dieser Beziehung der weitaus schwächere Part. Von Gottes Seite aus ist das aber eine extrem verlässliche Partnerschaft und das ist absolut top.

David Kadel: Wie ist eigentlich Weihnachten in England?

Jürgen Klopp: Ja, das ist der Knaller. An Heiligabend fährt der Pfarrer durch die Gegend und macht 30-Minuten-Gottesdienste. Ein kurzes „O du fröhliche …" – Bambam – und dann geht's weiter. „The driving church".
Wir waren ja am 25. in der Kirche, der große Weihnachtsfeiertag. Ulla, ich und unserer Hündin Emma. Ja, das war cool. Wir haben dann bunte englische Weih-

Fall bei der richtigen Sache und das ist für mich wichtig. Ich bete zu Gott, dass ich dankbar bin für Dinge, die am Tag passiert sind. Ich denke auch viel an meinen verstorbenen Vater, wenn ich mit Gott spreche. Ich glaube, er ist seit einigen Jahren im Himmel als Tennislehrer tätig.

David Kadel: Wer war es, der dir das Beten so nahegebracht hat?

Jürgen Klopp: Meine Mutter hat immer vor dem Einschlafen mit mir gebetet. Aber das ist eben die klassische, schwäbische Mutter: „Müde bin ich, geh zur Ruh, schließe meine Augen zu. Vater, lass die Augen dein über meinem Bette sein."

David Kadel: Amen! Ist das ein Gefühl von Geborgenheit?

Der Kicker Kloppo – eine „Waffe"!

Die Kloppo-Rakete in Stellung gebracht, kurz bevor sie ins Universum geschossen wird!

nachtspullis angezogen und doofe Fotos gemacht. War alles wunderschön. Dann haben wir auch noch erfahren, dass es in Liverpool 'ne deutsche Gemeinde gibt. Wir werden da immer wieder mal zum Gottesdienst reinschneien.

Generell, wenn ich in einer Stadt eine schöne Kirche sehe, dann gehe ich dort immer rein, das ist auch konfessionsunabhängig – so ein schöner Dom hat was. Ich kenne nach wie vor nicht alle Rituale, die man machen kann, und meine Knie sind auch nicht dazu gemacht, ständig zu knien. Da bin ich auch ganz froh, evangelisch zu sein, die machen das ja nicht so oft. <lacht laut> Aber es sind schöne Orte und man trifft dort die richtigen Leute und das tut einfach gut.

David Kadel: Du hast mal in einem alten Kicker-Interview gesagt, dass Jesus für dich die wichtigste Person der Zeitgeschichte ist. Warum?

Jürgen Klopp: Das ist für mich ganz klar, weil es einfach so ist. Da kommt jemand mit eindeutigen, klaren Aufgaben auf die Welt – die waren ja auch nicht gerade vergnügungssteuerpflichtig – zu den Menschen, um zu beweisen, dass es ihn tatsächlich gibt. Bis hierhin war es ja nicht endgültig klar, zumindest nicht allen. Das war der positive Teil der Aufgabe, aber am Ende lastet er sich alle Sünden auf und lässt sich dafür sogar ans Kreuz nageln. Das ist einfach die einschneidendste Geschichte aller Zeiten, die es für mich als Christ gibt, weil sie alles verändert hat. Es hat lange gedauert, bis die frohe Botschaft dann tatsächlich auch flächendeckend verkündet wurde, und auf diesem Weg ist auch nicht alles richtig gemacht worden. Aber ich lebe nun mal im Jetzt und es ist die großartigste Tat, die jemals vollbracht wurde. <denkt nach ... lange Pause> Und wir alle sind nicht ansatzweise in der Lage, das jemals leisten zu können. Aber

Jürgen Klopp: Viele Dinge, die heute gesagt oder gesungen werden, haben eigentlich einen alten, christlichen Ursprung. Und darum geht es ja, nicht zu vergessen, wo wir eigentlich herkommen, wie alles angefangen hat, und sich immer wieder als Christ bewusst zu machen: Gott lässt dich nie allein. Wenn man dann ganz allein ist, also dieser „lonesome rider", so ein Lucky Luke, und man aus der Stadt reitet und das Lied alleine pfeift, kann man glücklich sein. Weil man weiß, dass man nicht allein ist. Gott ist immer da. Wir sind alle so gestrickt, dass wir gerne Menschen um uns herum haben, die ähnlich wie wir drauf sind – Familie, Freunde, Glaubensbrüder. Irgendwie ist das von der Kindheit an immer derselbe Wunsch nach Geborgenheit.

das müssen wir auch nicht, denn wir haben ja jemanden, der das für uns getan hat. Das ist sehr, sehr tröstlich.

David Kadel: Da muss ich spontan an euer Liverpooler „You never walk alone" denken: Wenn du durch den Sturm des Lebens gehst, halte deinen Kopf hoch, hab keine Angst vor der Dunkelheit, denn du läufst nie allein. Würdest du sagen, das Lied trifft genau deine Glaubensvorstellung von Gott?

Jürgen Klopp: Ja. Absoluter Volltreffer.

David Kadel: Eigentlich ein christliches Lied.

Chris Führich – der Nationalspieler VfB Stuttgart

 Wie hast du zum Glauben an Gott gefunden?

Der Glaube an Gott hat mich schon immer begleitet. Das Beten vor dem Schlafen war mir schon in meiner Kindheit sehr wichtig. Mit der Zeit habe ich dann angefangen, mich intensiver mit der Bibel zu beschäftigen, deren Geschichten mich bis heute faszinieren.

In welchen Momenten hilft dir der Glaube in deinem Job als Fußballprofi?

Der Glaube hilft mir eigentlich zu jedem Zeitpunkt im Leben. Er gibt mir Kraft und Zuversicht in meinem Beruf als Fußballer, aber auch im alltäglichen Leben, in diesen komplizierten Zeiten.

Hast du eine Stelle in der Bibel, die dich sehr berührt, dir etwas bedeutet?

Matthäus 7,13-14. Mit dieser Bibelstelle verbinde ich mehrere Dinge. Einmal den Weg zum Erfolg, auf dem ich mich von nichts ablenken lassen darf. Aber auch den Weg des Lebens, sich auf die wichtigen und schönen Dinge zu konzentrieren.

In welchen Momenten ist dir Gott „nahe"?

Ich fühle Gottes Nähe immer dann, wenn ich mir bewusst Ruhe nehme, um mit ihm zu sprechen.

Welche Werte in der Bibel hast du im Laufe der Jahre auch zu deinen Werten gemacht?

Mit viel „Demut" und Bodenständigkeit durchs Leben zu gehen und jeden Tag bewusst „dankbar" zu sein, was für ein privilegiertes Leben ich dank Gott leben darf.

Wer ist Jesus für dich?

Für mich ist Jesus Gott. Zu ihm bete ich tagtäglich und danke ihm für all das, was ich habe und erleben darf.

Wie kommt es, dass immer mehr Fußballer an Gott glauben?

Ich habe für mich erkannt, dass der Glaube eine riesige Bedeutung hat. Deswegen ist es mir auch wichtig meine Mitmenschen zu inspirieren, über Gottes Liebe nachzudenken. Mich freut es sehr, dass dies immer mehr Menschen machen und von Gott begeistert sind.

Hast du einen großen Traum, den du dir noch erfüllen willst?

Mein größter Wunsch, für die Nationalmannschaft aufzulaufen, ist Gott sei Dank (im Oktober '23) in Erfüllung gegangen. Irgendwann vielleicht in der CL zu spielen, das wäre ebenfalls ein großer Traum von mir.

Marco Rose – der Empath
RB Leipzig

● *Um mal philosophisch zu starten: Was kann man im Fußball fürs Leben lernen?*

Zusammenhalt, Verlässlichkeit, bestimmte Grundwerte sind da schon übertragbar. Grundsätzlich sollte man im Leben immer versuchen, aus dem, was man macht und was man erlebt hat, weiter zu lernen. Wenn man aufhört zu lernen und denkt: „Das reicht", findet keine Entwicklung mehr statt. Ich versuche sehr viel für mein Leben aus dem zu ziehen, was mir beruflich gerade gut gelingt. Im Idealfall liebt man sogar das, was man macht.

Du strahlst etwas sehr Zufriedenes aus. Inwiefern ist deine Zufriedenheit abhängig von äußeren Umständen?

Grundsätzlich kann man sich nie davon freimachen, dass die Zufriedenheit davon abhängig ist, ob ich ein Spiel gewonnen oder ein Spiel verloren habe. Natürlich versucht man auch, es immer wieder anderen recht zu machen, aber auf der anderen Seite versuche ich, gerade das nicht zu tun, sondern bei mir zu bleiben. Ich versuche natürlich die Dinge, die ich mache, sehr ehrgeizig anzupacken, mit hohem Einsatz, aber am Ende musst du im Fußball deinen Weg finden und dich vor allem nicht von den vielen Einflüssen ablenken oder beeinträchtigen

lassen, weil ja alle an einem ziehen und jeder mitsprechen darf.

Wann bist du die beste Version von Marco Rose, die du sein könntest? Was macht dich stark?

Wenn ich ein gutes Spannungsfeld für mich gefunden habe: Wie bereite ich meine Mannschaft vor? Wie spreche ich die Spieler an? Habe ich das nötige Vertrauen in all das, was wir uns erarbeitet haben, und bin ich locker genug, aber gleichzeitig auch mit klarem Fokus auf ein bestimmtes Ziel ausgerichtet?

Wie erreiche ich das? Indem ich mir immer wieder selbst klarmache, dass nur harte Arbeit zur Zufriedenheit führt. Man muss sich immer wieder bestmöglich auf alle Aufgaben vorbereiten. Auf der anderen Seite musst du als Trainer aber auch den Rest geschehen lassen und loslassen, indem du großes Vertrauen in deine Mannschaft hast. All das zusammen hilft mir am Ende, die beste Version von mir zu sein.

Im hektischen Fußball ist „Ruhe" ein Alleinstellungsmerkmal für den, der sie hat. Wann schaffst du es am besten, in dir zu ruhen?

Ich versuche mich immer wieder daran zu erinnern, dass ich die Dinge richtig einordne. Im Fußball darf man

die Hektik, die Dinge, die geschrieben und gesagt werden, nicht so sehr an sich heranlassen. Am Ende ist es zwar mein Beruf, aber doch nur Fußball, sodass es mir leichtfällt, die Dinge im Vergleich zum echten Leben einzuordnen. Zu realisieren, dass das, was du machst, natürlich wichtig ist, aber dich nicht den Rest deines Lebens verfolgen wird, sondern nur ein Tag in deinem Leben ist, wo es vielleicht um viel geht, aber das Leben trotzdem weitergeht. Das hilft einem sehr, in sich zu ruhen und bei sich zu bleiben, auch wenn es mal hektisch wird. Man zieht ja aus allem etwas, aus Siegen, aber auch aus Niederlagen. Das ist meine bewusste Lebenseinstellung, nämlich Dinge richtig einzuordnen.

Du bist seit einigen Jahren Bundesliga-Trainer, wie nah dran ist „Zuckerbrot und Peitsche" an deinem Führungsstil im Umgang mit Menschen?

Grundsätzlich bin ich ein Menschenfreund, der gerne neue Menschen kennenlernt, der sich auf alles einlässt, was auf ihn zukommt, auch auf unterschiedlichste Mentalitäten. Und trotzdem habe ich eine gewisse Erwartungshaltung im Umgang miteinander, wo grundsätzlich alles bei mir auf Augenhöhe geschieht. Das gute Miteinander ist mir da wichtig: Ich will nicht nur ständig Dinge vorgeben, sondern ich möchte gute Ideen der Spieler aufnehmen. Ich lerne die Spieler gern besser und tiefer kennen, damit ein guter Draht zu ihnen entsteht und ein gutes Gefühl füreinander.

Aber in der Gruppe gibt es natürlich bestimmte Regeln im Umgang miteinander, die mir wichtig sind, wie Respekt, und zwar für jeden und alles im Verein, ob es jetzt Menschen sind oder Trainings-Utensilien. Pünktlichkeit, Ehrlichkeit, offener Umgang, offen sein für neue Dinge. Leider ist das alles heute nicht mehr selbstverständlich. Auch auf Umgangsformen achte ich, zum Beispiel darauf, dass wir uns „Guten Morgen" und „Auf „Wiedersehen" sagen. Aber auch darauf, ein Problem anzusprechen, wenn ich eins habe. Das sind eigentlich die menschlichen Basics, die ich als Trainer bewusst einfordere, weil sie in unserer Gesellschaft hier und da verlorengegangen sind.

Du bist ein empathischer „Menschenflüsterer". Aber wie warst du charakterlich eigentlich selber als Profi: Warst du immer pflegeleicht?

Manchmal war ich ein Typ mit zwei Gesichtern. Ich war mir immer bewusst, dass das Team ein ganz, ganz wichtiger Faktor ist und funktionieren muss, wenn

Mit Tormaschine Erling (links mit Dutt)

„Nicht-Abstieg" wurde in Mainz gefeiert wie die Meisterschaft – „Prost Christ!"

ich als Spieler erfolgreich sein will. Ich habe mir viel ums Teamgefüge Gedanken gemacht, war immer sehr teamfähig und habe bewusst versucht, neue Spieler ins Team zu integrieren, denn das war mir immer sehr wichtig. Auf der anderen Seite war ich aber auch ausgesprochen jähzornig und das stand mir manchmal im Weg. Auch unter Kloppo gab's schon mal Momente, wo es geknallt hat und ich ubers Ziel hinausgeschossen bin. In solchen Situationen habe ich mich weniger teamfähig verhalten. Zum Beispiel saß ich eine Zeit lang auf der Ersatzbank und war überzeugt, ich müsste meine Unzufriedenheit zur Schau stellen und Kloppo zeigen, dass mir das gar nicht gefällt, was er da gerade macht. In dieser Zeit durfte ich natürlich auch viel lernen. Deswegen

habe ich bis zu einem gewissen Punkt Verständnis für Unzufriedenheit der Spieler und kann als Trainer heute diesen Erfahrungswert gut einsetzen, aber ich habe kein Verständnis dafür, wenn ein Spieler mir über Wochen zeigen muss, dass er das gerade gar nicht akzeptiert und darüber persönlich beleidigt ist.

Die persönliche Erfahrung hat mir damals als Spieler geholfen zu verstehen, dass man mit dieser Einstellung und Haltung natürlich keine guten Trainingsleistungen bringen kann und es dann wiederum auch nicht verdient zu spielen. Dann erkennt man wieder, dass es eben ein Teamsport ist und man vielleicht mal wieder gut trainieren sollte, damit der Trainer mich wieder bringen kann.

Was ist der größte Feind eines jungen Spielers heute?

Die junge Generation heute will sehr schnell sehr viel erreichen und auch zu Recht, weil sie schon viel früher bereit ist. Aber diese schnelle Selbstzufriedenheit und die fehlende Selbstreflexion verhindern leider oft eine Weiterentwicklung, was ja im Fußball mit das Wichtigste ist. Das Handy ist natürlich auch so ein Thema: Wenn du in die Kabine kommst, und da sitzen zwölf Spieler, und zehn davon starren aufs Handy, und keiner reagiert und merkt, dass der Trainer in der Kabine steht, dann ist das natürlich ein skurriles Bild für Profisport. Ich will Handys in der Kabine nicht verbieten, denn es gehört ja irgendwie dazu, aber ich würde mir wünschen, dass man die Zeit nach dem Training nutzt, um miteinander darüber zu reden, was man im Spiel vorhat, oder

auch privat, weil dadurch erst das Team gestärkt wird, indem man sich füreinander interessiert. Beim Essen gibt es bei uns in Gladbach kein Handy, in der Kabine darf man ganz kurz draufschauen, ob etwas Wichtiges ist, aber mehr bitte nicht. Ansonsten konfrontiere ich die Spieler auch damit. Und wenn es nicht klappt, werde ich auch intervenieren müssen. Aber es geht ja immer darum, dass du zum Nachdenken anregst und es so moderierst, dass sie es verstehen, dass es ein Stück weit auch unserem Erfolg dient und du ihnen nichts wegnehmen willst.

Wie war Marco Rose selber als Fußballer? Ordne dich mal irgendwo zwischen Jens Jeremies und Lionel Messie ein.

‹Lacht› Also, wenn ich zwischen beiden bin, dann eher rechts von Jens Jeremies.

Bei deinen fußballerischen Highlights der letzten Jahre: Was war bisher der heftigste Ausdruck an Freude? Manche Trainer schämen sich ja ihrer Tränen nicht.

Ich hatte das Glück, als Trainer viele gute Tage feiern zu können, aber mich berührt das noch viel mehr, wenn z.B. einer wie Patrick Farkas nach langem Kreuzbandriss zurückkommt und dann auch noch das Tor zum Pokalsieg für uns schießt. Da bin ich innerlich vor Freude an die Decke gegangen, denn da freut man sich als Trainer einfach total mit für den Jungen.

Spricht für deine hohe Empathie.

Ja, so bin ich von meinen Eltern erzogen worden, und das habe ich auch als

Spieler oft erlebt und mir die Frage gestellt: „Was erwartest du von einem Trainer, damit es im Team ein gutes und erfolgreiches Miteinander wird?" Empathie hat für mich viel mit Authentizität zu tun.

Zu wie viel Prozent hat für dich Erfolg in der Führung von Menschen mit Empathie zu tun?

Für mich sind es 95, eigentlich sogar 100%, denn es geht um Menschen, und wenn du Menschen führen willst, dann musst du sie verstehen und dich in sie hineindenken können. Denn du kannst vielleicht als Trainer inhaltlich top sein, aber die Spieler haben keinen Bock auf dich.Wenn das so ist, hast du ein Problem.

Du bekennst dich schon länger zu deinem christlichen Glauben. Kann man sagen, du ruhst in Gott?

Ja, das stimmt! Ich empfinde das immer genauso, wenn ich es schaffe, über Gott nachzudenken und über Gott ins Gespräch zu kommen. Dann fühlt es sich für mich immer gut an und gibt mir viel Ruhe und Kraft. Leider nehme ich mir viel zu selten Zeit dafür, aber am Ende spüre ich immer, wenn ich in Gedanken bei Gott bin, dass es mir guttut. Deswegen glaube ich auch an Gott.

Was für ein Bild hast du von Gott?

Wenn ich mit ihm rede, ist es immer Jesus Christus und nie ein alter Mann mit einem Bart, sondern ich denke in dem Zusammenhang immer an Jesus. Ostern ist für mich etwas ganz Reales, weil Jesus die Verbindung zwischen Gott und uns Menschen geworden ist.

Welche Charaktereigenschaft bewunderst du an Jesus?

Grundsätzlich bin ich fasziniert von der Stärke, die Jesus ausstrahlt und wie viel er in seinem Leben für uns auf sich genommen hat. Die Kraft, die Jesus ausstrahlte, auch als er gekreuzigt wurde, und seine Stärke zu verzeihen, das ist für mich etwas Großartiges und daran glaube ich. Und natürlich, dass du als Mensch bei Gott fehlbar sein darfst und trotzdem immer zu Gott kommen kannst.Oder auch, dass Jesus deine Schuld auf sich nimmt und er versucht dich wieder in die richtige Richtung zu lenken, das berührt mich schon.

Wie wichtig ist dir Weihnachten?

Weihnachten ist für mich als Christ etwas ganz Elementares, das feiere ich auch bewusst im Kreis meiner Familie.

Und das wird sich für mich auch nie ändern. Mich haben immer wieder mal Freunde eingeladen, zusammen in Urlaub zu fahren, aber Heiligabend will ich bei meiner Familie sein, das ist mir tatsächlich etwas Heiliges.

Gibt es eine Passage in der Bibel, die du besonders magst?

Also generell ist die Geschichte von Jesus einzigartig und berührt mich. Aber ich bin jetzt nicht so bibelfest, und von daher freue ich mich immer, wenn wir zwei über Gott sprechen oder du mir ab und an einen inspirierenden Vers auf Whatsapp schickst, als Ermutigung. Zum Beispiel den Vers aus Philipper 4, Vers 13:„Ich vermag alles durch den, der mich mächtig macht!" Diesen Satz fand ich immer ganz stark, als ich noch Spieler war.

Was war eigentlich dein erster Zugang zum Glauben?

Meinen Einstieg in den christlichen Glauben hatte ich in der Mainzer Zeit, als 05er. Dort gab es einen Bibelkreis mit Sandro Schwarz und anderen Spielern, zu dem ich auch gehörte. In Leipzig, wo ich groß geworden bin, war das damals nicht so angesagt mit dem Glauben – mich als Mensch mit Jesus zu beschäftigen begann erstmals in Mainz, wofür ich bis heute sehr dankbar bin, weil es mein Denken bereichert.

Was nervt am Fußball gerade? Welche Entwicklung geht für dich in die falsche Richtung?

Fußball ist ja Volkssport und dadurch auch Spiegelbild der Gesellschaft.Ein großes Problem, das uns alle betrifft, sehe ich in der zunehmenden Verrohung der Sitten in unserer Gesellschaft und in der Respektlosigkeit im Umgang miteinander. Darüber sollten wir sprechen. Uns allen ginge es doch im Alltag viel besser, wenn wir einfach wieder eine grundsätzliche Freundlichkeit und Dankbarkeit an den Tag legen und uns wieder neu bewusst machen würden, welche Werte für das Miteinander gelten sollten, die wir uns alle wünschen. Im Fußball speziell stört mich, dass man denkt, man müsste alles neu erfinden. Fußball ist ein alter Sport, der sich natürlich entwickelt hat. Aber von Jahr zu Jahr immer mehr infrage zu stellen, was doch eigentlich diesen emotionalen Sport ausgemacht hat, finde ich bedenklich.

Im Fußball geht es ja immer wieder um Weiterentwicklung. Wie hast du dich in den letzten Jahren als Mensch weiterentwickelt?

Das Entscheidende im Leben ist, dass du dich selber nicht so wichtig nimmst. Das, was ich tue, das nehme ich extrem wichtig, aber mich selber möchte ich gar nicht so wichtig nehmen, weil ich merke, dass ich dann viel entspannter durchs Leben gehe und das alles viel mehr genießen kann. Ich lerne aber auch immer wieder mal interessante Menschen kennen oder treffe Freunde, mit denen ich auch über sehr tiefe Themen reden kann.Das trägt dann auch wieder zur persönlichen Entwicklung bei.

Was bedeutet Familie für dich?

Das Leben, das wir als Familie führen, ist nicht das klassische Family-Leben, das man kennt, da meine beiden Mädels in Leipzig sind und ich in Mönchengladbach oder damals eben in Salzburg. Aber trotz der Entfernung fahren wir so oft es geht zueinander, und uns kriegt da auch niemand auseinander, weil wir als Familie eng zueinander halten. Andere würden in dieser Beziehung vielleicht scheitern, aber wir kennen das, wir stehen zueinander. Wenn ich von zu Hause losfahre, und meine Tochter ist traurig, dann rollt da schon die eine oder andere Träne auch bei mir, wenn ich auf der Autobahn bin. Ich bin eben Familienmensch und liebe es, Zeit mit meinen Engsten zu verbringen, um Kraft zu tanken.

Last not least: Welche Frage wirst du Gott stellen, wenn du im Himmel vor ihm stehst?

Der Glaube macht mich zu einem reflektierteren Menschen. Und ich merke das schon, wenn ich etwas falsch gemacht habe. Es gehört für mich zum Christsein dazu, ehrlich mit mir selbst und vor Gott zu sein. Und trotzdem mache ich natürlich immer wieder Dinge falsch, aber deswegen bin ich ja Mensch und schätze Gottes Vergebung.

Wahrscheinlich werde ich ihn fragen: „Wie hast du es eigentlich geschafft, mir all die Dinge zu vergeben, die ich auf dem Kerbholz hatte? Ich danke dir dafür!"

Und ich danke dir, Marco, für dieses fantastische und ehrliche Gespräch. Viel Erfolg dir in deiner langen Trainerkarriere.

Gott will, dass wir Erfolg haben
– die Viererkette des Champions

1 *„Demütigt euch unter die mächtige Hand Gottes, dann wird er euch erhöhen zu seiner Zeit!"*

1. Petrus 5, Vers 6

2 *„Mein PLAN mit Euch steht fest: Ich will euer Glück, nicht euer Unglück. Ich habe im Sinn, euch eine Zukunft zu schenken, wie ihr sie erhofft! Wenn ihr mich von ganzem Herzen suchen werdet, so will ich mich von euch finden lassen."*

Jeremia 29, Vers 11-13

3 Mach dir immer wieder selbst bewusst, wie viel Kraft in meinem Wort steckt, und denke Tag und Nacht darüber nach, damit dein ganzes Tun an meinen Geboten ausgerichtet ist. Dann wirst du Erfolg haben, und du wirst alles, was du beginnst, glücklich vollenden!

„Ich sage dir noch einmal: Sei mutig und entschlossen! Hab keine Angst und lass dich durch nichts erschrecken; denn ich, der Herr, dein Gott, bin bei dir, wohin du auch gehst."

Josua 1, Vers 9

4 *„Gott sei Dank, der uns den Sieg geschenkt hat durch Jesus Christus, unseren Herrn."*

1. Korinther 15, Vers 57

Davie Selke – der Ballmagnet
1. FC Köln

Seitdem ich Christ bin und konsequent meinen Weg mit Gott gehe, habe ich für mich erkannt, wie viel Kraft in einer lebendigen Beziehung zu Jesus zu finden ist. Dass ich von Gott geliebt bin, so wie ich bin, und nichts bringen muss, das toppt alles in meinem Leben. Nicht einmal ein großer Titel könnte mir so viel Freude geben wie das tiefe Wissen um Gottes Liebe und Gegenwart an jedem neuen Tag meines Lebens. Ich glaube aber auch, dass Gott uns ganz oft vor versteckte Prüfungen stellt und dass auch die Corona-Pandemie eine Art „Prüfung" ist, in der wir lernen können, ihm zu vertrauen und nicht in Panik zu verfallen. Für manche ist diese Krise sicher auch ein Wachrüttler gewesen, und ich glaube, Gott möchte uns in dieser schweren Zeit sagen: „Seht auf mich, vertraut auf mich, und versucht den Weg mit mir zu gehen, dann müsst Ihr euch vor gar nichts fürchten."

Ich glaube, Gott hat viel mehr für uns bereit, als wir in unserem kleinen Glauben oft erwarten. Das bisher schönste Geschenk Gottes in meinem Leben ist die Geburt meiner Tochter, wofür ich sehr dankbar bin. Das hat mich sehr demütig werden lassen und mir einen neuen Anreiz gegeben, jeden Tag bewusst mit Jesus an meiner Seite zu starten und für so vieles „DANKE" zu sagen.

Ich habe gelernt, dass Dankbarkeit ein Schlüssel ist für ein zufriedenes Leben. Auch in einer sportlich schwierigen Phase, wo es ruhig ist um einen – das kennt jeder Sportler –, gibt es einen, der immer an deiner Seite ist und der einen sehr guten Weg für dich vorbereitet hat. Auch wenn ich das eine oder andere noch lernen muss als Christ, über eines bin ich mir sehr sicher: dass Gott dich für deine Geduld und deinen Glauben auf Dauer belohnen wird. Dieser Gedanke macht mich immer wieder wieder ruhig und gibt mir Zuversicht, größere Ziele anzustreben und dabei trotzdem locker und fröhlich zu bleiben.

David Alaba – das Idol
Real Madrid

Bravour. In seinem ersten „Classico" haut er einen derart fulminanten Weitschuss zum 1:0 ins Barca-Netz, dass sich die Real-Fans mit ihrem Lob für DA4 überschlugen und ihn sofort zum neuen Liebling kürten.

Klar, wenn einer David heißt, dann muss er ja einen geilen Schuss haben, doch mich beeindruckt viel mehr seine Persönlichkeit und seine menschliche Reife. Während wir uns darüber unterhalten, warum ihm der Glaube an Gott und das Buch der Bücher so wichtig sind, steht er plötzlich auf und sucht minutenlang in seiner Bibel nach einer Geschichte, die ihn „über Gottes Liebe staunen lässt", wie er sagt. Der frühere Ösi-Bengel, dem kein Streich zu albern war, ist erwachsen und ernsthaft geworden.

Er erzählt: Angefangen hat meine „Geschichte mit Gott" so, dass ich mit meinen Großeltern jedes Wochenende in die Kirche gegangen bin. Da war ich noch ein ganz kleines Kind. Und es ist bis heute so, wenn ich in Wien bin, dass ich mit meinen Eltern in unsere Kirchengemeinde gehe. Ich denke, das ist etwas, was ich wirklich brauche, was mir guttut und wodurch mein Vertrauen zu Gott wächst.

Ich bin mir sicher, dass mir auch manche Schwierigkeiten im Leben geholfen haben, zu dem zu werden, der ich heute bin. Als ich damals von Bayern nach Hoffenheim weggeschickt wurde, weil ich

Das österreichische Fußball-Genie wird weltweit für seine Freistöße und Spielintelligenz bewundert, sodass „König David" nach gefühlt fünfzig Meisterschaften und Titeln mit dem FC Bayern inzwischen bei den Königlichen von Real Madrid gelandet ist. Und wie! Seine Aufgabe, Sergio Ramos zu ersetzen, erfüllt der neue Leader der Madrilenen mit

in einigen Spielen Fehler gemacht hatte, da habe ich erstmals erlebt, dass dieser Druck, immer funktionieren zu müssen, schon immens für einen jungen Burschen wie mich ist. Ich habe damals angefangen, mich tiefer mit dem Glauben an Gott zu beschäftigen. Ich war zwar schon lange ein Sohn Gottes, aber da habe ich dann viel in der Bibel gelesen und mehr mit Gott gesprochen – über alles. Das hat mir sehr geholfen, dieses Vertrauen, das ich heute in Gott habe, zu festigen. Deswegen bin ich auch immer für die Täler in meinem Leben dankbar, weil sie mich noch enger zur Liebe Gottes bringen. Gottvertrauen ist alles. Wenn du Gott von Herzen vertraust, dass er es gut machen wird, auch in aussichtslosen Situationen, dann wird dein Leben großartig.

Wenn du die richtige Einstellung hast, kommen irgendwann auch der Charakter Gottes und der Erfolg zum Vorschein. Ich denke, dass es im Fußball wie auch im Leben von jedem Menschen oft Situationen oder Phasen gibt, in denen es nicht so gut läuft. Dann beginnt man zu zweifeln. Aber ich glaube, dass man gerade in dieser wichtigen Zeit einfach großen Glauben braucht, um das zu erreichen, was man selbst will und um das zu erleben, wie der Herr es will. Ich denke, dass Gott natürlich einen Plan für jeden Einzelnen hat und in Krisenzeiten gern hilft. Er belohnt die, die ihm vertrauen.

Dabei ist es Jesus, der mich am meisten fasziniert. Ich habe mich in den letzten Jahren bewusst viel mehr mit der Bibel beschäftigt. Mich fasziniert es einfach zu lesen, auf welche Weise Jesus Liebe ausstrahlt. Wie viel Liebe er für jeden Einzelnen hat! Es gibt Phasen, in denen ich mich frage, warum er in bestimmten Situationen so gehandelt hat. Seine unend-

liche Liebe zu uns begeistert mich einfach. Wie Jesus den Menschen mit voller Ermutigung begegnet ist. Dass Gott die Menschen so sehr liebt, ist wunderschön mit anzusehen. Die Bibel sagt oder zeigt mir einfach, wie Gott ist, indem wir sehen, was Jesus für eine Person ist. Das zeigt mir auch, dass die Wörter, die in der Bibel geschrieben stehen, den richtigen Weg weisen und wir versuchen sollten, danach zu leben.

Ich versuche einfach so oft wie möglich, eine Verbindung zu ihm zu haben, egal in welchen Situationen. Natürlich versuche ich auch, vor oder während des Spiels mit Jesus in Kontakt zu sein, aber auch außerhalb des Platzes nehme ich mir die Zeit. In kleinen Momenten, eben da, wo ich einfach den Gedanken habe, Gott um irgendetwas zu bitten oder einfach mit ihm wie mit meinem besten Freund zu sprechen. Es gibt viele, viele verschiedene Momente, in denen ich merke, dass er da ist.

Meine Lieblingsgeschichte in der Bibel ist die Geschichte von Lazarus, der schwer krank ist. Die Schwestern Maria und Marta lassen Jesus kommen, weil sie hoffen, dass er ihrem Bruder helfen kann. Doch dann stirbt Lazarus und alle sind schockiert, dass Jesus zu spät kommt, um ihm zu helfen. Als die eine Schwester hört, dass Jesus kommt, läuft sie ihm entgegen, und Jesus weiß schon, dass Gott den Bruder wieder heilen und auferstehen lässt. Maria und die Schwester weinen so sehr, dass er mit ihnen weint. Jesus weint mit ihnen, obwohl er schon weiß, dass es gut enden wird. Er könnte ihnen auch sagen, dass es keinen Grund zur Trauer gibt. Aber nein, in diesem Moment weint er einfach mit ihnen.

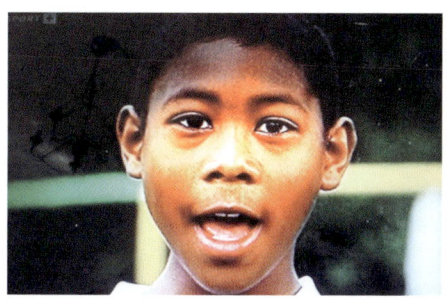

Meine Frage war dann einfach: Warum weinst du jetzt mit ihnen, Jesus, wenn du ohnehin weißt, dass alles wieder gut wird? Aber das zeigt mir einfach, dass Jesu Liebe JETZT ist. Seine Liebe besteht immer und sie ist größer, als wir erahnen können. Er sieht die Trauer und fühlt mit ihnen, obwohl er weiß, dass Gott Lazarus wieder auferstehen lässt. Ich weiß, dass Jesu Liebe in dem Moment bei den Menschen ist, in dem sie ihn brauchen. Das hat mich einfach tief beeindruckt.

Aber am Ende muss jeder seine eigene Entscheidung treffen, ob er mit oder ohne Gott leben will. Das ist auch das, was Gott will. Er zwingt niemanden dazu und er sagt ja auch in der Bibel, dass er keinen dazu überreden will. Aber ich denke, dass das Leben einfacher und schöner ist, wenn man sich für den Weg mit Gott, seiner Liebe, seinem Schutz und seiner Treue entscheidet. Da kann ich nur aus meiner eigenen Erfahrung sprechen. Ich möchte einfach ein Licht sein, das steht ja auch in der Bibel.

7 POWER-Verse
über KRAFT & STÄRKE, die wir in Gott finden

Taiwo Awoniyi (God first) Union Berlin

2 *„Der HERR ist meine KRAFT und mein Schild, auf ihn hofft mein Herz und mir ist geholfen! Nun ist mein Herz fröhlich und ich danke Gott mit meinem Lied!"* Psalm 28, Vers 7

3 *„Werdet STARK durch die Verbindung zum HERRN!"* Epheser 6, Vers 10

1 *„Ich habe euch NICHT gegeben den Geist der Verzagtheit, sondern den Geist der KRAFT, der Liebe und der Besonnenheit!"* 2. Timotheus 1, Vers 7

Juan Cuadrado (I belong to Jesus)
Juventus Turin

Bukayo Saka (Gods Child) Arsenal London

4 *„Die Freude am HERRN ist meine STÄRKE!"* Nehemia 8, Vers 10

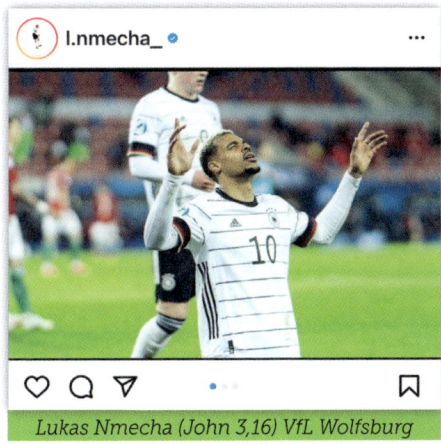

l.nmecha_ ✓

Lukas Nmecha (John 3,16) VfL Wolfsburg

5 „*Gottes Augen durchstreifen die Erde auf der Suche nach Menschen, die ihm mit ungeteiltem Herzen VERTRAU-EN, damit er diejenigen STARK macht!*"
2. Chronik 16, Vers 9

6 „*Jesus spricht: Meine KRAFT ist in den Schwachen mächtig!*"
2. Korinther 12, Vers 9

anthonyelanga ✓

Anthony Elanga (Child of god)
Manchester United

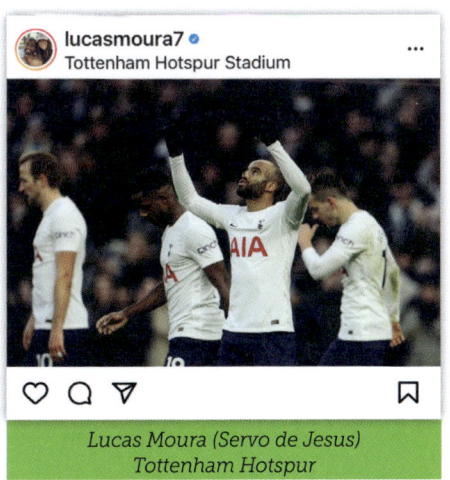

lucasmoura7 ✓
Tottenham Hotspur Stadium

Lucas Moura (Servo de Jesus)
Tottenham Hotspur

7 *Jesus zu seinen Jüngern: „Ihr werdet die KRAFT des Heiligen Geistes emp-fangen und werdet meine Zeugen sein!*"
Apostelgeschichte 1, Vers 8

Thilo Kehrer – der Allrounder
West Ham United

Thilo Kehrer ist deutscher National-spieler und spielt auf der Insel bei West Ham. Mit Messi, Neymar, Mbappe, Di Maria und Sergio Ramos kickte Thilo vorher in der Traumelf von Paris Saint-Germain.

Lieber Freund! Mon Ami!
Ich möchte dir mit meinem kleinen „Brief" Mut machen, dass dein Leben viel

Gutes für dich bereithält. Unser Leben ist in diesen Zeiten heute manchmal kom-pliziert. Auch wenn manche Situationen sehr schwierig sind, bin ich fest davon überzeugt, dass Gott, als er dich erschuf, einen guten Plan für dich hatte.

Leider ist das Leben nicht gerecht zu allen: Manche haben sehr viel Glück und werden – so wie ich – in eine fantastische Familie und gute Situation hineingebo-ren. Aber viele andere haben nicht so viel Glück und müssen es irgendwie schaffen, eine Kraft zu entwickeln, um sich nach oben durchzukämpfen.

Und genau davon möchte ich dir er-zählen und dir helfen, eine innere Stärke zu finden, die dich auf die Siegerstraße bringt.

Heute darf ich jeden Tag meinen Traum leben und bei PSG spielen und auch für Deutschland. Doch all das konnte ich erst erreichen, als ich angefangen habe, zu kämpfen und auf Gott zu vertrauen. Die-se Kombination: GOTT VERTRAUEN & KÄMPFER SEIN ist unschlagbar.

Wer anfängt, sich diese Charakterei-genschaften anzueignen, der wird von Jahr zu Jahr seine schwierigen Umstände selber mehr und mehr verändern!!

Während andere ein Leben lang ver-geblich darauf warten, dass sie durch Zu-fall Glück haben, oder dass ihnen jemand etwas schenkt, erleben „die Kämpfer", wie man zum Erfolg und Glück wachsen

kann, indem man anfängt, sich zu bilden, die richtigen Bücher zu lesen und sich mit den richtigen Menschen zu umgeben.

Manche Menschen tun dir nicht gut, weil sie dich ausnutzen und nur deine Energie rauben. Andere meinen es gut mit dir und wollen dich ermutigen und inspirieren, dein Leben zum Guten zu verändern. Zugegebenermaßen ist es nicht einfach, wenn man einmal in einer solchen negativen Spirale drinsteckt.

Aber ERFOLG & 100 % ECHTE FREUDE waren noch nie einfach zu erreichen ... Dafür braucht man eine außergewöhnliche Einstellung.

Ich musste diese außergewöhnliche Haltung erst lernen, und deswegen weiß ich, dass DU DAS AUCH KANNST!!

- Steh auf!
- Nimm dein Leben selbst in die Hand!
- Fang an dich zu bilden!

- Beginne dein Talent zu entdecken, indem du Gott fragst, was er in dich hineingelegt hat!
- Lies die Bibel und lerne dadurch GOTT-VERTRAUEN.
- Bete zu Gott und sprich viel mit ihm, damit du entdeckst, wie sehr er DICH LIEBT.

Mit meiner Thilo Kehrer Foundation möchte ich dir Rückenwind geben, damit du lernst, deine Flügel zu entfalten, und fliegst wie ein Adler!
www.thilokehrerfoundation.com

Wir werden künftig etwas schaffen, um dir zu helfen, auf die Sonnenseite des Lebens zu kommen.

Aber damit du jetzt schon durchstartest, sagt Gott zu dir in der Bibel: „Mein Plan mit dir steht fest: Ich will dein Glück, nicht dein Unglück. Ich habe im Sinn, dir eine Zukunft zu schenken, wie du sie erhoffst! Suche mich von ganzem Herzen, dann werde ich mich von dir finden lassen!" Jeremia 29, Vers 11-13

Gottes Nähe wünsche ich dir!
Dein Thilo Kehrer